BRUNO CRUZ

COMO
ESCOLHER
SUA

CARREIRA
PROFISSIONAL

DESCUBRA QUEM VOCÊ É E COMO TRANSFORMAR
ISSO EM UMA CARREIRA DE SUCESSO!

BRUNO CRUZ

COMO
ESCOLHER
SUA

CARREIRA
PROFISSIONAL

DESCUBRA QUEM VOCÊ É E COMO TRANSFORMAR
ISSO EM UMA CARREIRA DE SUCESSO!

© Editora Reflexão, 2025 – Todos os direitos reservados.

© Bruno Cruz

Editora Executiva: **Caroline Dias de Freitas**
Capa: **César Oliveira**
Ilustração da capa: **FreePik (6152022_general2_13)**
Revisão: **Larissa Franco**
Diagramação e Projeto Gráfico: **Estúdio Caverna**
Impressão: **PrintPark**

1ª Edição – Junho/2025

DADOS INTERNACIONAIS DE CATALOGAÇÃO NA PUBLICAÇÃO (CIP)
CÂMARA BRASILEIRA DO LIVRO, SP, BRASIL

Cruz; Bruno;
Como escolher sua carreira profissional. Descubra quem você é e como transformar isso em uma carreira de sucesso.
Editora Reflexão Business, 2025.

ISBN: 978-65-5619-207-9
68 páginas.

1. Carreira 2. Adolescente 3. Ensino Médio I. Título. II. Série.

06-6456   CDD-809

Índices para catálogo sistemático:
1. Guia Profissional 2. Carreira 3. Autor 4. Título

Editora Reflexão
Rua Almirante Brasil, 685 - Cj. 102 – Mooca – 03162-010 – São Paulo, SP
Fone: (11) 97651-4243
www.editorareflexao.com.br
atendimento@editorareflexao.com.br

Todos os direitos reservados. Nenhuma parte desta obra pode ser reproduzida ou transmitida por quaisquer meios (eletrônico ou mecânico, incluindo fotocópia e gravação) ou arquivada em qualquer sistema ou banco de dados sem permissão escrita da Editora Reflexão.

Dedico esta obra à minha família. Minha fonte de apoio e suporte em todos os momentos da minha vida. Se cheguei até aqui, é porque fui carregado no ombro de gigantes.

SUMÁRIO

Introdução | 09

Se descobrindo | 13

Entendendo o mercado de trabalho | 21

Deu match? Você e sua carreira | 29

Escolhendo uma universidade | 41

Planejando seu caminho | 47

Histórias de vida e a realidade do mercado de trabalho | 55

Ferramentas para a sua vida profissional | 59

Finalizando | 65

INTRODUÇÃO

"O futuro depende do que você faz hoje."

Mahatma Gandhi

O final da vida escolar é um período muito difícil. A saída da escola, a pressão do vestibular, o ingresso incerto na faculdade, e o pior de tudo, a escolha da carreira que você vai seguir para o resto da sua vida.

Olhando de fora, chega a ser desonesto achar que um jovem, em plena formação, é capaz de aguentar tanta pressão e ainda fazer uma escolha consciente. E, de fato, quando não temos o direcionamento correto nem preparo adequado, essa tarefa deixa de ser difícil e passa a ser impossível.

E qual é o resultado disso? Um profissional frustrado com seu trabalho, sem carreira definida, sem planejamento. Ele é jogado de um lado para o outro pelas marés do mercado. Poucas promoções, muito trabalho, pouco reconhecimento. É a receita perfeita para um desastre profissional.

Mas e se estivermos equipados com as ferramentas certas para fazermos boas escolhas? E se tivermos o direcionamento certo para os múltiplos caminhos profissionais que podemos seguir? E se construirmos um mapa detalhado de onde queremos chegar no longo prazo? Aí, você terá uma carreira de sucesso — com ou sem sorte, independentemente do mercado de trabalho.

Como diria Harvey Specter, o advogado da série Suits: "Bons jogadores não contam com a sorte, eles criam a própria sorte."

POR QUE ESTE LIVRO É IMPORTANTE?

A ideia central deste livro é ajudar você, estudante ou jovem profissional, a tomar as rédeas da sua carreira e permitir que faça as melhores escolhas, sempre baseadas em fatos. A chance de ter uma carreira profissional de sucesso e satisfatória aumenta muito quando você está no comando.

O conteúdo que vou apresentar neste livro servirá de base para que você se conheça cada vez mais, consiga estabelecer seus objetivos profissionais de longo prazo e, ainda, permitirá que escolha e desenhe sua carreira de maneira intencional, visando sempre o sucesso.

Existe um mar de profissionais no mercado, de todas as idades, que nunca foram donos de suas carreiras. Esses profissionais foram levados, de acordo com os ventos do mercado, às posições e condições em que se encontram hoje. Alguns tiveram sucesso, outros nem tanto, mas todos têm uma coisa em comum: uma frustração por não terem sido protagonistas de suas carreiras.

COMO ESTE LIVRO VAI TE AJUDAR?

Após a leitura deste livro, você estará pronto para ser o protagonista da sua carreira. Além de entender os conceitos básicos do mercado de trabalho e do mundo profissional, você terá condições de realizar uma escolha mais assertiva para a sua profissão.

Além disso, você entenderá por que é muito importante ter um plano de carreira e como elaborá-lo. Depois disso, vamos desfazer alguns mitos sobre o mundo corporativo e o mercado de trabalho, que são reproduzidos incessantemente por pessoas que certamente não compreendem o que repetem.

Eu espero equipá-lo com todo o conhecimento necessário para que você possa fazer escolhas melhores e mais intencionais para sua carreira e, como consequência, consiga desenvolver uma carreira de sucesso e sentir orgulho disso.

SE DESCOBRINDO

"Descubra quem você é e faça isso de propósito."

Dolly Parton

Vamos começar pelo primeiro passo: autoconhecimento. Apesar do clichê, é inevitável tocarmos nesse assunto. Você sabe por quê? Porque, como jovens adultos, sem experiência, é natural (e até benéfico) que escutemos diferentes opiniões sobre nossa futura carreira. Geralmente, nossos pais e parentes mais próximos são os primeiros direcionadores de nossas carreiras.

No entanto, se você não se conhecer de verdade, pode acabar aceitando esses conselhos de olhos fechados, sem nenhuma reflexão. E isso pode trazer dois resultados inesperados: a frustração de embarcar numa carreira que nunca foi realmente sua ou de não conseguir construir carreira alguma, e ter apenas um trabalho.

Não me entenda mal, os pais (e falo isso com propriedade, pois também sou pai) querem o melhor para os filhos, sempre. Mas existem duas perspectivas que podem ser de difícil percepção para os pais:

1. Todos os pais têm um certo pré-julgamento, baseado na experiência de vida de cada um. Então, o conselho dos pais é sempre enviesado (ou seja, é tendencioso, no bom

sentido) para o que deu certo com eles.
2. Nosso mundo, e consequentemente o mercado de trabalho, está em constante evolução. É muito difícil, mesmo para os profissionais mais ligados à tecnologia, acompanhar o ritmo de inovação. Nós, os pais, temos uma boa ideia do que funciona e do que não funciona no mercado de trabalho hoje, mas é extremamente difícil sabermos o que vai ou não funcionar amanhã.

Quando você se conhece, pode escutar, entender e absorver os conselhos e direcionamentos que recebe, e ponderá-los com seus desejos e o que está vendo no mercado. E é esse mix de direcionamento e vontade própria que você deve buscar para ter sucesso com a sua carreira.

AUTOCONHECIMENTO

Essa será sua primeira e maior habilidade. Pode parecer trivial, até estranho, mas existem milhões de pessoas que são incapazes de refletir sobre si mesmas, se analisar e fazer uma autocrítica. Essa habilidade é a primeira que você precisa desenvolver na sua carreira e, talvez, seja a mais importante.

O autoconhecimento é importante porque ele será sua base, a fundação, para o crescimento pessoal e profissional que você vai perseguir para ter uma carreira e uma vida de sucesso.

É essa habilidade que permitirá a você identificar suas forças e áreas de melhoria, analisar criticamente seu perfil e descobrir quais pontos merecem mais atenção, além de crescer, pouco a pouco, a cada falha, cada erro, cada tropeço que você vai dar no caminho. E não se preocupe, você irá tropeçar várias vezes. É o autoconhecimento que vai permitir que você seja capaz de entender por que falhou e desenvolver um plano para melhorar.

FORTALEZAS E ÁREAS DE MELHORIA

Identificar nossas forças e aspectos que precisam ser melhorados é um ótimo primeiro exercício para o autoconhecimento. Inicialmente, vamos a uma breve explicação desses conceitos:

Suas fortalezas, ou forças, são áreas ou habilidades nas quais você tem um bom desempenho, acima da média, e que podem te conferir alguma vantagem no mercado. Por exemplo, há pessoas que são mais comunicativas e extrovertidas; outras têm mais facilidade com números. Alguns são detalhistas, enquanto outros têm uma visão mais ampla, se atentam menos aos detalhes, mas possuem uma maior capacidade de abstração.

Você deve ter notado que eu não falei em fraquezas. O subtítulo deste capítulo fala em "Áreas de Melhoria". Isso não foi por acaso. As "Áreas de Melhoria" são aspectos ou habilidades que você precisa desenvolver mais. Existem dois motivos específicos para eu não chamar isso de "fraquezas":

Em primeiro lugar, o termo "fraqueza" tem um tom pejorativo e negativo. Uma das lições que você precisa aprender sobre o mercado de trabalho é que **você está sempre se vendendo!** E, se você quer vender um produto, deve realçar por que o produto é bom. É muito importante ser consciente das suas áreas de melhoria, mas não se exponha.

Em segundo lugar, isso tem muito a ver com o mindset. Vou explicar exatamente o que é isso na próxima seção, mas a ideia é que você tenha um pensamento positivo, sempre. Não confunda pensamento positivo com alienação à realidade ou viver em um mundo de faz de conta criado pela sua imaginação. A ideia não é essa. O importante é ter um pensamento e atitude positiva em todos os momentos da sua vida pessoal e profissional.

MINDSET E A SUA IDENTIDADE

Mindset é um conjunto de crenças que moldam seu comportamento. Se você ainda não ouviu o termo "Growth Mindset", prepare-se, pois você vai ouvir muito sobre ele.

O termo foi criado pela psicóloga Carol Dweck em 2006, no seu livro Mindset: The New Psychology of Success.

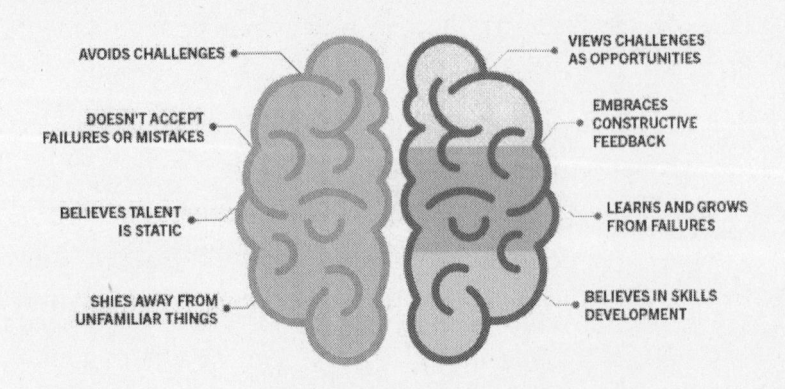

AVOIDS CHALLENGES

DOESN'T ACCEPT FAILURES OR MISTAKES

BELIEVES TALENT IS STATIC

SHIES AWAY FROM UNFAMILIAR THINGS

VIEWS CHALLENGES AS OPPORTUNITIES

EMBRACES CONSTRUCTIVE FEEDBACK

LEARNS AND GROWS FROM FAILURES

BELIEVES IN SKILLS DEVELOPMENT

Figura 1. Fixed Mindset (a esquerda) e Growth Mindset (a direita).

Fonte: Harvard Business School Online.

Profissionais com Growth Mindset acreditam que inteligência e habilidades podem ser aprendidas e melhoradas com esforço e dedicação. Já profissionais com Fixed Mindset tendem a ver suas limitações como definitivas.

Eis um exemplo: Imagine que você tem uma prova sobre um assunto que não domina e não se sente particularmente confiante. Uma pessoa com Fixed Mindset vai pensar: "Eu nunca fui bom nessa matéria, não vou conseguir tirar uma boa nota". Já a pessoa com Growth Mindset vai pensar: "Eu ainda não consegui dominar essa matéria, **então vou me preparar mais para garantir um bom resultado**".

Conseguiu identificar a diferença entre os dois? Isso é extremamente importante, pois, no decorrer da sua carreira, você vai se deparar com situações desconfortáveis, assuntos que não domina ou até mesmo desconhece, momentos em que decisões difíceis precisam ser tomadas. Nessas horas, a diferença no seu pensamento e comportamento fará toda a diferença no resultado. Quem tem Growth Mindset consegue lidar com adversidades de maneira mais fácil e aprende mais. E são nos momentos de adversidade que você tem as maiores oportunidades de crescimento.

QUEBRANDO ALGUNS MITOS SOBRE CARREIRAS

Para finalizarmos este capítulo e avançarmos em direção ao próximo tema, o Mercado de Trabalho, quero aproveitar a oportunidade para desconstruir alguns mitos sobre carreira e profissão.

Muitos desses mitos estão arraigados profundamente em nossa sociedade, mas, após uma breve inspeção, não se sustentam pois não têm fundamento.

VOCÊ TEM QUE FAZER O QUE VOCÊ AMA

Resolvi começar por esse, porque ele é, sem sombra de dúvidas, o pior conselho profissional que você pode receber. Essa frase tem tantos erros que eu nem sei por onde começar. Mas, vamos lá:

1. O amor é um sentimento; sugiro guardá-lo para outros seres vivos. Sua carreira, sem dúvida, deve ser motivo de orgulho e inspiração, mas nutrir amor pela sua atividade profissional é, no mínimo, ingênuo.

2. Você vai trabalhar e desenvolver sua carreira com um objetivo em mente: ser recompensado financeiramente por isso. O trabalho é uma troca: você dedica seu tempo e habilidades para trazer resultados financeiros para uma empresa. Pelo tempo e resultados que você trouxe, você será pago. Você não trabalha de graça.

3. Por mais que goste da sua atividade profissional, terá dias bons e dias ruins. Alguns dias você vai adorar fazer o que faz, outros dias você vai trabalhar pensando em outra coisa. E isso é normal. Uma vez que você incorpora a atividade como hábito diário, como é o caso do trabalho, é impossível estar feliz o tempo todo. Isso é da natureza humana.

VOCÊ NÃO PRECISA DE UMA FACULDADE

Outra grande falácia. Se você quer chegar ao topo da sua carreira, seja ela qual for, você precisa sim de um diploma de nível superior. Apesar de não ser o único caminho para o mercado de trabalho, um fato é comprovado por pesquisas, ano após ano: profissionais com ensino superior têm salários maiores do que os que só têm o ensino básico.

Além disso, o diploma universitário abre as portas para outros tipos de especialização, como pós-graduações, mestrado e doutorados. Quanto maior seu nível de instrução acadêmica, melhor tende a ser seu posicionamento no mercado de trabalho.

A INTELIGÊNCIA ARTIFICIAL VAI SUBSTITUIR TODO MUNDO

Esse é o mantra mais recente entre os cavaleiros do apocalipse. Mas não se preocupe. A Inteligência Artificial não vai nos substituir. Pelo menos, não por enquanto. É certo que a IA irá, sim, substituir algumas tarefas e nos auxiliar em muitas outras. Mas isso sempre acontece. Nos anos 80, a chegada dos computadores pessoais eliminou o trabalho dos datilógrafos. Um pouco mais tarde, os switches eletrônicos substituíram as telefonistas. Eu poderia elencar vários exemplos nos quais o avanço da tecnologia extinguiu uma determinada função.

No entanto, muitas outras funções foram criadas. E a mesma coisa vai acontecer com a IA. Não tenha medo do avanço tecnológico, esteja preparado para ele.

ENTENDENDO O MERCADO DE TRABALHO

"Oportunidades não acontecem. Você as cria."

Chris Grosser

Agora que você já aprendeu um pouco sobre si mesmo, configurou sua mente para ter um Growth Mindset e quebrou mitos importantes sobre sua carreira, é hora de entrarmos no mercado de trabalho.

Como primeira parada, vamos entender o que exatamente significa ter uma carreira e por que isso é importante.

O QUE É UMA CARREIRA? E UM TRABALHO?

Às vezes, utilizamos as duas expressões de maneira intercambiável, quando, na verdade, carreira e trabalho têm significados bem diferentes.

A Dra. Amy Wrzesniewski, professora da Yale School of Management, passou sua carreira estudando como indivíduos identificam seus contextos de trabalho e definiu carreira e trabalho da seguinte maneira:

Trabalho: É sua atividade diária. Você trabalha em troca de um pagamento e algumas outras vantagens. Pessoas que identificam suas atividades como "trabalho" tendem a dar mais foco em suas vidas pessoais e, no geral, não têm uma visão de longo prazo, tampouco um plano para progredir profissionalmente. Se você não aprende nada de novo, não faz novas conexões ou se sente desvalorizado, financeiramente e moralmente, você, muito provavelmente, tem um "trabalho".

Carreira: A carreira é algo que você desenha, planeja e controla. Profissionais que têm uma "carreira" têm um foco maior no trabalho, criam e mantêm um planejamento profissional de curto, médio e longo prazo, e executam esse planejamento cuidadosamente para atingir seus objetivos profissionais. São indivíduos que têm o controle da sua profissão e estão sempre preparados para dar o próximo passo.

Agora que você já sabe a diferença entre os dois, você quer uma carreira ou apenas um trabalho?

APANHADO GERAL DAS CARREIRAS DE HOJE

Fazer um apanhado geral sobre todas as carreiras profissionais é uma tarefa impossível. O mercado de trabalho é muito dinâmico e globalizado. A todo momento, novos trabalhos e carreiras são criados. A tecnologia é a grande mola que impulsiona a renovação e o avanço do mercado de trabalho.

Uma vez que compreendemos isso, vou tentar, de maneira muito resumida, descrever algumas das opções de carreira. Essa lista não é definitiva e muito menos exaustiva, mas a ideia é dar uma visão geral para você, leitor, que ainda não decidiu qual carreira seguir.

1. Saúde e Ciências da Vida

    a. Exemplos: Medicina, Enfermagem, Psicologia, Biotecnologia.

b. Você pode gostar disso se: Gostar de biologia humana, gostar genuinamente de ajudar pessoas e se sentir confortável trabalhando em jornadas longas e sob pressão.

c. Tendências atuais: Telemedicina, saúde mental, inovação biotecnológica.

2. Tecnologia e Engenharia

a. Exemplos: Desenvolvimento de Software, Ciência de Dados, Cibersegurança, Robótica, Engenharias Civil, Elétrica e de Processos.

b. Você pode gostar disso se: For uma pessoa analítica, com boa capacidade de abstração, focada em resolver problemas e que adora construir e experimentar.

c. Tendências atuais: Automação, Computação de Borda e de Nuvem, Internet das Coisas, Inteligência Artificial.

3. Negócios e Finanças

a. Exemplos: Marketing, Empreendedorismo, Consultoria, Gestão de Negócios e Pessoas, Economia.

b. Você pode gostar disso se: Tem facilidade com números, gosta de trabalhar com pessoas e possui boas habilidades de comunicação.

c. Tendências atuais: Finanças Éticas, Startups, Desenvolvimento de Marcas Pessoais

4. Artes e Design

   a. Exemplos: Design Gráfico, Escrita, Desenvolvimento de Jogos, Música e Cinema.

   b. Você pode gostar disso se: Gosta de se expressar artisticamente e tem facilidade para trabalhos e tarefas não estruturadas.

   c. Tendências atuais: Economia de Criadores, Arte Digital, Realidade Virtual ou Aumentada.

5. Educação e Ciências Sociais

   a. Exemplos: Docência, Educação, Sociologia, Antropologia.

   b. Você pode gostar disso se: Gosta de se comunicar, tem facilidade em lidar com o público e deseja ter um grande impacto social.

   c. Tendências atuais: Aprendizado Online, Educação Inclusiva, Saúde Mental nas Escolas.

6. Serviço Público e Lei

   a. Exemplos: Trabalho Governamental, Política, Relações Internacionais.

   b. Você pode gostar disso se: Gosta de promover e atuar no engajamento civil, almeja conduzir mudanças sistemáticas na sociedade.

   c. Tendências atuais: Direito Climático e Digital.

7. Ciências e Pesquisa

a. Exemplos: Física, Química, Astronomia, Pesquisa e Desenvolvimento.

b. Você pode gostar disso se: É naturalmente curioso, paciente, questionador e adora descobrir respostas por meio de experimentos.

c. Tendências atuais: Ciência Climática, Exploração Espacial, Energias Renováveis.

8. Hospitalidade e Turismo

a. Exemplos: Turismo, Artes Culinárias, Gestão de Eventos.

b. Você pode gostar disso se: Gosta de trabalhar com pessoas, sem rotina fixa, em ambientes dinâmicos e tem boa capacidade de adaptação.

c. Tendências atuais: Ecoturismo, Experiências de Luxo.

9. Agro e Sustentabilidade

a. Exemplos: Agronomia, Meio Ambiente, Preservação Animal, Engenharia Florestal.

b. Você pode gostar disso se: Gosta do contato com a natureza e deseja ter um impacto na sustentabilidade do planeta.

c. Tendências atuais: Agricultura Regenerativa, Adaptação Climática, Tecnologia de Alimentos.

Novamente, essa lista está longe de ser exaustiva, mas é um bom começo. Tenha em mente que, na realidade, muitas das habilidades e conceitos que mencionei aqui serão utilizados em conjunto. Por exemplo, você pode ser um Cientista de Dados e trabalhar no setor de Saúde, ou um Engenheiro Florestal trabalhando na área de serviços como Consultor.

A ideia não é escolher uma carreira a esmo, mas sim entender os espaços que temos no mercado hoje, para que você possa ter um Plano de Carreira consistente. Falaremos sobre o Plano de Carreira mais à frente.

Carreiras do futuro e o futuro do trabalho

É impossível prever o futuro. O máximo que podemos fazer é ter uma ideia minimamente fundamentada, com base em nossa realidade atual. Por isso, é importante entender o mercado e o que pode estar por vir. Sua preparação profissional não pode estar focada apenas no que existe hoje. Você deve ter um plano que permita se adaptar ou, se for um bom profissional, se antecipar às mudanças no mercado de trabalho no curto e médio prazo.

A TECNOLOGIA MUDA ABSOLUTAMENTE TUDO

Acho que esse é um ponto muito importante, então resolvi ressaltá-lo: a tecnologia está mudando absolutamente tudo em nossas vidas e no mercado de trabalho também. E a velocidade com que essas mudanças acontecem só aumenta.

Isso não quer dizer que você precise trabalhar na área de tecnologia. Mas significa que, independentemente da sua área de atuação, você precisa estar atento às atualizações tecnológicas do seu ramo. Por exemplo, se você quer ter uma carreira em Marketing, precisa estudar um pouco de análise de dados. Se você deseja seguir na medicina, é importante conhecer um pouco sobre telemedicina e biotecnologia.

As habilidades requeridas pelo mercado mudam com o tempo, e hoje, na data em que escrevo este livro, em 2025, as habilidades e competências mais demandadas pelo mercado não são técnicas, mas sim as chamadas Soft Skills, ou Transferable Skills.

Eu abordarei o tema Soft Skills com mais detalhes no próximo capítulo.

A REALIDADE X O GLAMOUR

Para finalizar nossa introdução ao mercado de trabalho, quero abordar um assunto muito importante: a realidade de uma carreira e da profissão.

Esse ponto é muito importante por dois motivos: o primeiro é que qualquer escolha bem fundamentada sobre a carreira que você vai seguir só poderá ser feita com base na realidade, e não na ficção que aparece nas séries, filmes e redes sociais. Em segundo lugar, uma das principais razões para as trocas de carreira, ainda nos estágios iniciais, é o desconhecimento do dia a dia típico daquele profissional.

Vamos pegar um exemplo fácil. Qualquer um que viu a série "Suits" com certeza se viu inspirado pelo personagem principal, Harvey Specter. Na série, Harvey é um renomado advogado e atua em Nova York. Mora em uma mansão em uma das ruas mais caras da cidade, dirige carros importados e se veste com extremo luxo e requinte. Ele aparece resolvendo conflitos entre grandes empresas, fechando acordos milionários para seus clientes, muitas das vezes agindo como um lobo solitário, passando por cima da hierarquia da sua empresa. Ele quase sempre se dá bem no final.

Você acha que o dia a dia de um advogado empresarial é assim? Posso te garantir que não. Revisão de contratos longos, trocas de e-mails intermináveis, dentro e fora da empresa, preparação de pareceres, análise de questões e requisitos legais. Nada disso é demonstrado na série. E por quê? Porque essa é a parte chata do trabalho. Mas é o que você vai fazer 90% do tempo.

A mesma coisa acontece em qualquer outra dramatização que envolva profissões: médicos, advogados, policiais, bombeiros, militares. O que é mostrado na tela é sempre mais chamativo do que a realidade. O mesmo fenômeno acontece com alguns profissionais nas redes sociais.

O que você deve fazer é procurar entender a realidade e o dia a dia da carreira e da profissão que você quer seguir. Você aspira ser um médico? Ótimo! Procure por esses profissionais. Acompanhe o dia a dia de um médico de verdade. Tente conseguir uma mentoria com um profissional próximo a você. Isso vai te dar uma visão muito mais realista e centrada do que é aquela profissão e o que poderá ser a sua carreira. Não se deixe enganar pelo ruído da televisão e das redes sociais.

DEU MATCH? VOCÊ E SUA CARREIRA

"Trabalhe para se tornar, não para adquirir."

Elbert Hubbard

CONSTRUINDO SUA CARREIRA

Muito bem. Agora que você já conhece alguns conceitos importantes sobre o mercado de trabalho, vamos ao que interessa: construir a sua carreira!

Depois que você já tiver uma ideia da profissão que gostaria de seguir e qual deve ser a sua formação, será necessário construir o seu Plano de Carreira. Eu vou abordar a construção do Plano de Carreira no próximo capítulo. Antes disso, preciso te apresentar algumas ferramentas importantes que irão te auxiliar na construção do plano e no decorrer da sua carreira.

MENTORIA (MENTORING)

A mentoria é uma forma interessante de se conectar com profissionais mais experientes e obter uma segunda opinião sobre as muitas decisões profissionais que você vai tomar.

Na mentoria, um profissional mais experiente que você, que atue, de preferência, em uma área ou segmento que você gostaria de atuar, se reúne periodicamente com o seu mentorado, discute sobre a evolução de carreira, dilemas do dia a dia, dá dicas em situações específicas e ajuda no crescimento profissional.

O processo de mentoria pode acontecer de várias maneiras, mas, independentemente de como ele funcione, você deve lembrar de uma coisa muito importante: o processo de mentoria é passivo. Ou seja, é responsabilidade do mentorado tirar o máximo proveito do seu mentor. O mentor é responsável por aconselhar seu mentorado nas mais diversas situações, mas sempre respondendo aos estímulos do mentorado.

SHADOWING

O processo de Shadowing é amplamente adotado em empresas quando profissionais mudam de função. Como o próprio nome sugere, no Shadowing, o profissional se torna a "sombra" de outro, acompanhando as tarefas do dia a dia, entendendo como realizar as atividades e conhecendo mais sobre aquela função.

ENTREVISTAS DE RECONHECIMENTO

É muito comum no mundo corporativo abordarmos profissionais pelo LinkedIn (falaremos sobre ele em outro capítulo). As abordagens acontecem por diversos motivos, e um deles é para criar conexões com pessoas que estão em empresas nas quais gostaríamos de trabalhar ou em posições que gostaríamos de exercer.

Para aqueles que estão começando uma carreira agora, essas conexões podem ser uma fonte importante de relacionamentos e conhecimento. Você gostaria de trabalhar com um desenvolvedor de software na Microsoft, por exemplo? Conecte-se com um desenvolvedor de software que trabalhe na Microsoft e peça um bate-papo ou uma reunião rápida. Explique sua motivação e tente aprender o máximo possível com as experiências dessa pessoa.

Finalizando esta seção, o mentoring, o shadowing e as entrevistas de reconhecimento são algumas das ferramentas que você pode utilizar para adquirir mais conhecimento e, não só, construir e manter um bom plano de carreira, mas também evoluir profissionalmente.

DIPLOMA X HABILIDADE X EXPERIÊNCIA

Uma das principais deficiências dos profissionais modernos é não entenderem quais são os requisitos para a evolução. No mercado de trabalho, o seu sucesso será definido por uma série de fatores. Não existe uma solução mágica que possa garantir uma vaga ou promoção. Mas, de maneira geral, esses três critérios — diploma, habilidade e experiência — têm grande peso no seu sucesso profissional.

Diploma refere-se à graduação de nível superior. Seja ela uma graduação tradicional, uma pós-graduação, mestrado, doutorado ou qualquer especialização de nível superior. Ao contrário de muitos comentários nas redes sociais, o diploma de nível superior é **indispensável**. Repita comigo: Indispensável. Isso porque ele abre portas para outras especializações que não são possíveis sem ele, constrói a base fundamental que você precisa para entender outros assuntos importantes e também é uma grande fonte de networking.

Habilidade refere-se às capacidades intelectuais que você adquire ao executar determinadas tarefas, treinamento acadêmico ou por meio de experiências práticas. Exemplos de habilidade incluem oratória (capacidade de falar bem em público), vendas, construção de relacionamentos de negócios, entre outros.

A **Experiência** é o aprendizado adquirido por meio da execução. É o conhecimento que você desenvolve ao longo da sua vida, nas mais diversas situações.

Eu fiz questão de ressaltar esses três pontos aqui para que você compreenda que o sucesso profissional não depende apenas de um critério. São vários os fatores que colaboram para o seu sucesso. Portanto, não adianta ter uma ótima formação acadêmica se você não tiver habilidades e experiência. Da mesma forma, não adianta ser experiente, mas não ter uma formação acadêmica. Essas três coisas precisam andar em conjunto.

Contudo, existe um outro critério, tão importante quanto esses três, que abordaremos mais adiante.

UTILIZANDO FERRAMENTAS

Existem várias ferramentas interessantes que você pode utilizar para auxiliá-lo na escolha da sua profissão. Vou abordar algumas delas aqui, mas antes, você precisa entender duas coisas muito importantes para que possa utilizá-las da melhor maneira possível.

Em primeiro lugar, você precisa encarar essas ferramentas pelo que elas realmente são: ferramentas para auxiliar no seu autoconhecimento. Mais do que indicadores de profissão ou carreira, essas ferramentas podem ser um espelho, com a capacidade de mostrar particularidades ou traços da sua personalidade que você desconhecia ou não entendia.

Em segundo lugar, como menciono rotineiramente em minhas palestras e nas minhas redes sociais, vocação não existe. O que existe é uma predisposição para determinadas funções, dada por alguns traços de personalidade e experiência. Isso não significa que você deve seguir cegamente o resultado de qualquer teste de aptidão ou de personalidade.

Por fim, quero lembrar-lhe que essas ferramentas devem ser usadas para auxiliá-lo na sua escolha, e não para limitá-lo. Se você deseja ser engenheiro, mas, no seu teste de personalidade ou aptidão, o resultado indicar que você tem perfil para ser pintor, não há problema. Use esse resultado para entender quais habilidades você deve desenvolver mais e quais serão os seus desafios lá na frente.

HOLLAND CODE

O teste de Holland, ou Holland Code, refere-se a uma taxonomia de interesses baseada na teoria de carreiras e escolha vocacional, desenvolvida pelo psicólogo americano John L. Holland. A metodologia é amplamente utilizada no mercado, serve como base para quase todos os trabalhos de aconselhamento de carreira e é adotada desde a década de 1990 pelo Departamento do Trabalho dos Estados Unidos.

A metodologia define seis tipos básicos de personalidade: Realistas (Executores), Investigativos (Pensadores), Artistas (Criadores), Sociais (Ajudantes), Empreendedores (Persuasores) e Convencionais (Organizadores). Esse modelo também é comumente chamado de RIASEC, sigla formada pelas iniciais de cada tipo (em inglês).

Cada tipo identificado na metodologia possui traços de personalidade específicos, formas particulares de interação com os demais tipos e sugere uma predisposição para determinadas carreiras. Por exemplo, os Realistas têm preferência pela manipulação explícita, ordenada e sistemática de ferramentas, objetos, máquinas ou animais. Logo, essas preferências sugerem carreiras como agricultor ou motorista, por exemplo.

TESTES DE APTIDÃO, VOCACIONAIS OU MBTI

Tenha cuidado com esse tipo de teste. Além da fragilidade científica dessas metodologias, os testes de aptidão ou vocacionais tendem a confirmar o seu viés de escolha, em vez de identificar habilidades ou áreas nas quais você tem mais ou menos propensão a seguir.

Particularmente, não incentivo o uso desse tipo de teste como ferramenta para promover o autoconhecimento. Eles podem trazer mais dúvidas do que respostas.

Você também pode se deparar com outro teste conhecido como Tipologia de Myers-Briggs (do inglês, MBTI – Myers-Briggs Type Indicator). Assim como os métodos mencionados acima, a utilização do MTBI também é desaconselhada dada a sua fraca fundamentação científica.

TOMANDO DECISÕES

Talvez esta seja a parte mais difícil de todas. A tomada de decisão é um processo tanto intelectual quanto emocional, e deve ser feita com base em fatos e critérios bem definidos. Infelizmente, a maioria das pessoas toma decisões mais baseadas em sentimentos e emoções momentâneas do que em critérios objetivos. A seguir, vou descrever algumas dicas que considero importantes para uma tomada de decisão racional e planejada.

O processo decisório é complexo e envolve duas grandes áreas do nosso cérebro: o sistema lógico, também chamado de **Sistema 2**, e o intuitivo, conhecido como **Sistema 1**. Ambos atuam em conjunto em praticamente todas as decisões que tomamos. O Sistema 2 funciona de forma analítica, avaliando alternativas e possíveis consequências. Já o Sistema 1 é mais rápido e impulsivo, guiado por emoções e hábitos.

Fiz essa breve explicação sobre como nosso cérebro atua durante o processo de decisão para que você possa compreender que:

- Somos criaturas de hábitos, portanto, nossas experiências passadas irão influenciar nossas decisões.
- Como o sistema intuitivo é mais rápido, nossa tendência de decidir pelas emoções é mais forte.

E descrevi tudo isso para que você entenda que, sempre que possível, é importante tomar decisões com calma, organizar os pensamentos e ajudar o cérebro a calcular os possíveis resultados de cada escolha. Assim, sua decisão poderá ser baseada tanto em fatos e critérios quanto em emoções e hábitos.

E, para finalizar: se você acha que decisões baseadas 100% na razão são sempre as melhores, posso te garantir que não. Existe um motivo pelo qual nossas decisões também envolvem emoções. A discussão sobre esse tema vai além do escopo deste livro, mas o essencial é compreender que boas decisões são equilibradas — um pouco de razão, um pouco de emoção.

ESCREVA TUDO

Sempre que possível, devemos ajudar nosso cérebro a tomar decisões considerando todas as alternativas disponíveis. Uma forma eficaz de fazer isso é escrevendo. Anote tudo, seja em um caderno, no bloco de notas, em planilhas ou em qualquer outro formato com o qual você se sinta mais confortável.

Registre qual é a decisão que você precisa tomar ou qual é a pergunta que está tentando responder. Liste as opções disponíveis e, para cada uma delas, descreva os prós e os contras. Tente montar o que chamamos de mapa mental. Esse tipo de ferramenta é amplamente utilizado no mundo corporativo para analisar alternativas e escolher o melhor caminho com base em um conjunto de critérios.

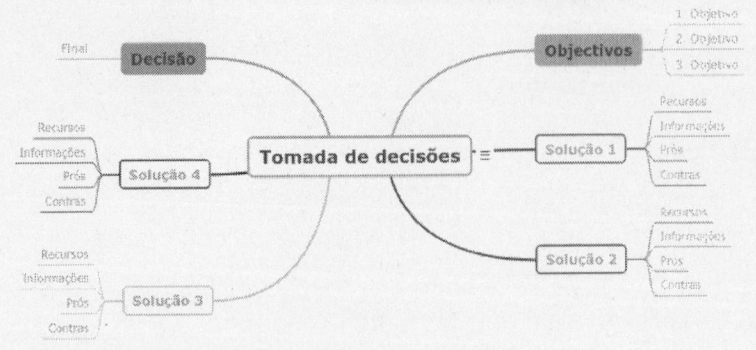

Figura 2. Exemplo de mapa mental para tomada de decisão | Fonte: Google

CRITÉRIOS

O mapa mental para a tomada de decisões é um excelente primeiro passo para que você tome decisões mais conscientes e racionais. Tão importante quanto organizar o processo é compreender os critérios relevantes que irão impactar sua decisão. Não subestime essa tarefa. Entender o que é importante para você hoje e o que será importante amanhã é difícil e exige muita reflexão e autoconhecimento.

Vou dar um exemplo: para mim, um dos critérios centrais na escolha da minha carreira foi o retorno financeiro. Mesmo antes da faculdade, sempre coloquei esse critério como prioridade. Um segundo critério era a agilidade. Eu queria começar a ganhar dinheiro ainda jovem, logo no início da profissão. A carreira que logo despontou como minha primeira escolha foi a tecnologia. Os profissionais da área eram bem remunerados (e ainda são) e têm a chance de começar ganhando bem mais cedo do que em praticamente qualquer outra profissão.

Mas nem tudo são flores. Essa mesma carreira que paga bem e oferece retorno rápido também sofre com um profundo etarismo, ou seja, preconceito relacionado à idade. É comum que profissionais mais velhos sejam substituídos por jovens recém-formados ou ainda em formação, com salários mais baixos.

Entenda quais são os critérios importantes para você e avalie suas escolhas com base em cada um deles.

PRÓS E CONTRAS

Depois que você já montou um processo para avaliar suas

opções e estabeleceu os critérios, é hora de analisar os pontos positivos e negativos de cada uma das suas escolhas. O importante é tentar ser o mais imparcial possível e identificar, para cada alternativa, os aspectos favoráveis e desfavoráveis de forma clara.

É essencial considerar diferentes perspectivas ao avaliar os prós e contras de cada opção. Por exemplo, o retorno financeiro pode ser um ponto positivo, caso a carreira ofereça bons salários. Por outro lado, se a longevidade da profissão for curta, isso pode representar um ponto negativo importante.

Mais do que apenas fundamentar sua escolha, esse tipo de exercício te prepara para construir sua carreira com consciência, já ciente das vantagens e dos desafios que podem surgir ao longo do caminho.

SOFT SKILLS

Soft Skills são um conjunto de habilidades não cognitivas relacionadas à interação e ao relacionamento com outras pessoas. Já as Hard Skills correspondem às habilidades técnicas. Como exemplos de Soft Skills, podemos citar: inteligência emocional, comunicação e oratória, pensamento abstrato, liderança e colaboração.

Faço questão de destacar as Soft Skills aqui porque, atualmente, há uma grande demanda do mercado por profissionais que desenvolvam essas competências. Talvez devido à fragilidade da nossa educação de base e ao avanço acelerado da tecnologia, está cada vez mais difícil encontrar candidatos que consigam, por exemplo, desenvolver um raciocínio claro, organizar suas ideias e se expressar de forma estruturada.

Mesmo habilidades mais básicas de socialização estão em falta no mercado. Estabelecer contato visual, saber se apresentar, manter uma boa postura corporal e ter discernimento na comunicação são apenas alguns exemplos de competências que, por mais incrível que pareça, estão ausentes na maioria dos candidatos hoje em dia.

ESCOLHENDO UMA UNIVERSIDADE

"Não são nossas habilidades que mostram quem realmente somos, são nossas escolhas."

J. K. Rowling

Agora que você já tem autoconhecimento, conhece um pouco sobre o mercado de trabalho, estudou superficialmente as possibilidades de carreira e possui as ferramentas para fazer uma escolha fundamentada, vamos à pergunta de ouro dessa geração.

EU PRECISO MESMO DE UMA FACULDADE?

Sim. Se você quer saber por que, ou ainda não concorda comigo, permita-me apresentar outros três pontos que, com certeza, farão você mudar de ideia.

A formação de nível superior é a porta de entrada para todo o mundo acadêmico. Ao renegar a faculdade, você fecha as portas, não apenas para a obtenção do diploma de nível superior, mas também para outras formações como pós-graduação, mestrados científicos e acadêmicos, doutorados, e outros cursos de especialização.

O fato de não cursar a faculdade pode impedir você de seguir algumas carreiras, especialmente aquelas regulamentadas e com órgãos de classe, como as carreiras na advocacia, medicina, engenharia, arquitetura e muitas outras.

Por último, mas não menos importante, se você deseja alcançar o nível mais alto na hierarquia da sua carreira, não importa qual seja ela, é necessário ter um nível acadêmico de excelência. Praticamente todos os profissionais de nível executivo nas empresas possuem diplomas de mestrado e doutorado, e alguns deles até pós-doutorado. É extremamente incomum encontrar um executivo sem pós-graduação, muito menos sem nível superior.

ESCOLHENDO SEU CURSO

Se você chegou até aqui e fez tudo o que falamos anteriormente, a escolha do curso será mais fácil. Isso porque sua decisão será baseada não só na carreira e profissão que você tem em mente, mas também nos critérios que você já selecionou. Fazer uma escolha bem-informada, com todos os dados, torna-se muito mais fácil.

Ainda assim, antes de escolher o curso, é muito importante estar atento a alguns detalhes.

CARGA HORÁRIA

Algumas universidades exigem dedicação integral do aluno, enquanto outras oferecem a opção de meio-período. Sua atenção deve estar não apenas no tempo disponível atualmente, mas também na quantidade de tempo que você terá no futuro próximo.

Cursos nas áreas de tecnologia, administração ou economia, por exemplo, podem ser feitos tranquilamente em meio-período, até porque você pode começar a estagiar antes de concluir a faculdade. A área médica, por outro lado, é diferente, e as residências acontecem na reta final do curso. Portanto, nesse caso, um curso em tempo integral não tem impacto negativo.

GRADE CURRICULAR

Outro ponto importante é a grade curricular do curso. Salvo em algumas poucas áreas onde há uma padronização, cada universidade personaliza a grade curricular de seus cursos de forma independente. Isso significa que um curso de Análise de Sistemas, por exemplo, pode ter duas grades totalmente diferentes entre si. No final, os objetivos de aprendizagem são quase os mesmos, mas o que difere são os métodos e as ferramentas utilizadas.

Por isso, além de se atentar ao curso em si, é muito importante investigar a grade curricular. Quais são as matérias? Quando cada assunto será introduzido? Qual é a profundidade com que cada matéria será abordada? (Isso pode ser facilmente deduzido pelo número de vezes que a matéria se repete ao longo do curso.)

MUDANDO DE IDEIA

E se, mesmo depois de ponderar cuidadosamente suas opções, você perceber que fez a escolha errada? E se você já estiver no meio do caminho e só agora descobrir que, na verdade, gostaria de seguir outra carreira?

Bom, vamos abordar essa questão sob duas perspectivas diferentes. A primeira é: posso mudar de curso? E a resposta é, claro que sim. Se você se deu conta de que deveria estar investindo seu tempo e dinheiro em outra carreira, e deseja de verdade mudar, mude. O custo de uma carreira frustrada, com a qual você não se identifica, é muito alto.

A segunda perspectiva é: como fazer isso? E aqui, não existe resposta certa ou errada, mas sim diferentes formas de agir. Você já tem as ferramentas para tomar decisões conscientes, utilize-as aqui também. Vamos a alguns exemplos:

Se você está começando o curso ou ainda não chegou à metade, mudar imediatamente pode ser uma boa opção. Você tem chance de reaproveitar algumas matérias (dependendo da proximidade dos cursos) ou, pelo menos, algumas matérias eletivas. Se você está no final do seu curso, pode ser mais inteligente terminar a sua formação e começar imediatamente a próxima. O peso de dois diplomas no currículo pode fazer diferença, dependendo da sua área de atuação. Se você já concluiu seu curso, mas quer mudar de área, uma pós-graduação diferente pode ser uma boa opção.

Enfim, não há resposta certa ou errada aqui, mas avalie suas opções com cuidado na hora de mudar de carreira. Fazer uma boa primeira escolha é muito importante. Mas, se você errar, não será o fim do mundo. Existem diversos exemplos de grandes profissionais que mudaram drasticamente suas carreiras. Você sabia que Jeff Bezos, o fundador da Amazon, trabalhava em Wall Street, no mercado financeiro, antes de empreender? O primeiro astronauta americano a orbitar a Terra, John Glenn, entrou para a política e se tornou senador pelo estado de Ohio.

Não se preocupe em mudar o caminho, se necessário. Mas nunca perca de vista o seu recurso mais precioso: o tempo.

O QUE VEM DEPOIS

Espero que você já esteja convencido de que a qualificação acadêmica é indispensável para o sucesso profissional. Exceções existem, mas são apenas isso: exceções. A universidade é a sua porta de entrada no mundo acadêmico, e, se você investir seu tempo e dinheiro com atenção, de forma cuidadosa e calculada, o retorno virá, com toda certeza.

PLANEJANDO SEU CAMINHO

"Um objetivo sem um plano é apenas um desejo."

Antoine de Saint-Exupéry

Chegamos a uma parte importantíssima do livro e do nosso processo de planejamento de carreira. É hora de colocar em prática tudo o que aprendemos até aqui. Vamos começar pelos objetivos e, em seguida, construir o nosso plano de carreira.

ESTABELECENDO OBJETIVOS

Estabelecer objetivos é de suma importância. Eles não só indicam o caminho que devemos seguir, como também funcionam como um termômetro para avaliar se estamos avançando ou não.

Tente definir objetivos de curto, médio e longo prazos. Curto prazo corresponde a um período de até um ano; médio prazo, de um a três anos; e longo prazo, a partir de três anos. Pode parecer muito tempo, mas você vai se surpreender com a velocidade com que o tempo passa quando estamos focados em um objetivo.

Outro ponto essencial é estabelecer metas realistas. Se você está começando agora, tornar-se CEO da empresa onde está estagiando não é um objetivo, é uma aspiração. Mantenha essa aspiração em mente, mas defina metas menores até que ela se torne, de fato, alcançável. Se você é estagiário, um bom objetivo pode ser tornar-se um funcionário efetivado. Se já está efetivado, pode almejar uma promoção ou até mesmo uma mudança de área.

Lembre-se sempre: os objetivos devem ser realistas e alcançáveis. Assim como um quebra-cabeça ou um conjunto de Lego, tudo começa com a primeira peça. O progresso é incremental, um passo de cada vez. Estabelecer metas irreais só trará frustração.

CONSTRUINDO UM PLANO DE CARREIRA

Essa talvez seja a ferramenta mais importante da sua trajetória profissional e, ainda assim, é uma das mais negligenciadas por grande parte dos profissionais. O plano de carreira é um guia que detalha sua posição atual e os passos necessários para alcançar seus objetivos profissionais. Se for elaborado corretamente, ele também mostrará como chegar lá.

Vou usar uma analogia simples para você entender como é entrar no mercado de trabalho sem ter um plano de carreira:

Imagine que você está entrando em um táxi ou Uber. O motorista pergunta: "Para onde vamos?" E você responde: "Não sei, mas pode começar a viagem."

O plano de carreira detalha sua localização atual no mercado de trabalho, o seu próximo destino e apresenta um caminho possível para chegar até lá. Não ter um plano de carreira é como não ter um destino definido. Essa é uma das principais causas da frustração de muitos profissionais que não conseguem promoções ou reconhecimento.

Agora que você entendeu por que o plano de carreira é importante, vamos começar a construir o seu.

DESENHANDO SEU PLANO DE CARREIRA

Apesar de não existir um modelo definitivo para o plano de carreira, é importante garantir que ele contenha, no mínimo, as seções mais relevantes. São elas: **Objetivo, Posição Atual e Análise de Gap.**

Objetivo: Nesta seção, você vai descrever seus objetivos de curto, médio e longo prazo. Seja sucinto e concreto. Sempre que possível, inclua as posições e empresas onde gostaria de trabalhar. Ou, se for o seu caso, descreva seu empreendimento e onde planeja estar.

Posição Atual: Aqui, você descreverá sua posição e empresa atual. Além disso, é importante listar de forma objetiva suas habilidades e competências. Lembra que falamos sobre autoconhecimento no primeiro capítulo do livro? Esta é a hora de ser o mais crítico e realista possível.

Análise de Gap: Agora que você já definiu seus objetivos e analisou sua situação atual, é hora de identificar claramente quais habilidades, competências, conhecimentos e experiências você precisa desenvolver para atingir seus objetivos.

A seguir, apresento um breve exemplo de plano de carreira:

Plano de Carreira

Nome: João Ninguém
Data da última Revisão: 31-Fev-2025
Versão: 2

Objetivos

Curto
- Efetivação na Empresa

Médio
- Transição para Coordenação de Equipes

Longo
- Gerente Setorial

Posição Atual

Acadêmico
- 2º período do curso de bacharelado de Economia

Habilidades
- Matemática Financeira
- Contabilidade Geral

Experiência
- 1 ano como Analista Financeiro Jr.

Análise de GAP

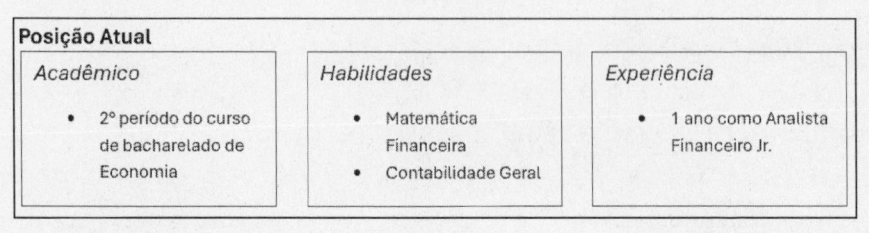

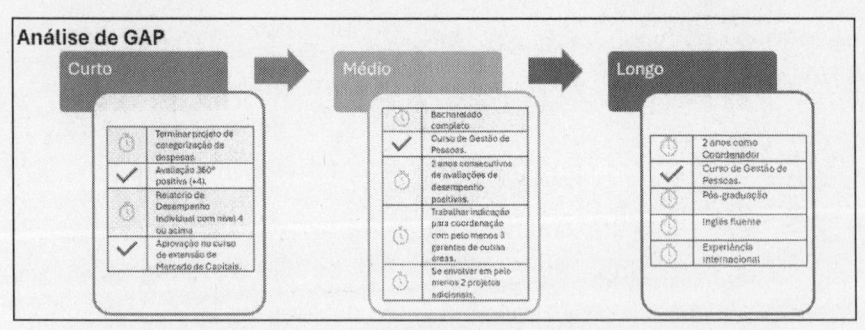

Curto
- Terminar projeto de categorização de despesas
- ✓ Avaliação 360° positiva (+4)
- Relatório de Desempenho Individual com nível 4 ou acima
- ✓ Aprovação no curso de extensão de Mercado de Capitais

Médio
- ✓ Bacharelado completo
- Curso de Gestão de Pessoas
- 2 anos consecutivos de avaliações de desempenho positivas
- Trabalho indicado para coordenação com pelo menos 3 gerentes de outras áreas
- Se envolver em pelo menos 2 projetos adicionais

Longo
- 2 anos como Coordenador
- ✓ Curso de Gestão de Pessoas
- Pós-graduação
- Inglês fluente
- Experiência internacional

DESENVOLVENDO SUA MARCA PESSOAL

Outro aspecto muito importante da sua carreira é a sua marca pessoal. Você provavelmente ouvirá muito o termo Personal Branding. É exatamente sobre isso que estamos falando.

Catherine Cote, da Harvard Business School, define marca pessoal como a prática intencional e estratégica de definir e expressar o seu valor. Como profissionais, somos um produto e devemos nos promover, da maneira e na cadência corretas, o tempo todo.

Desenvolver sua marca pessoal não significa falar de si mesmo o tempo inteiro ou construir uma imagem inflada e irreal. Trata-se de definir sua identidade como profissional, compreender seus valores e ser fiel a eles. É sobre como as pessoas o enxergam, o que o define e o diferencia dos demais. Essa é a sua marca pessoal.

Este é um tema extenso demais para ser explorado em profundidade neste livro, mas recomendo que você busque mais informações sobre ele em fontes confiáveis (como Harvard, MIT, Cambridge, entre outras), dada a sua importância. Mesmo um bom profissional, sem uma marca pessoal bem construída, pode encontrar dificuldades para se posicionar e crescer no mercado.

ENTENDENDO O LADO FINANCEIRO

Jamais romantize sua relação com o trabalho. Ele pode, sim, nos trazer orgulho e até gerar efeitos colaterais positivos, como no caso de trabalhos voluntários ou de profissões que lidam diretamente com o público, como médicos ou advogados. No entanto, o foco principal do trabalho deve ser o retorno financeiro. A única situação em que é aceitável ter outro foco que não o financeiro é quando você já possui independência financeira e patrimônio suficiente para viver sem precisar trabalhar.

Dito isso, quero que você considere dois aspectos importantes relacionados ao retorno financeiro da sua carreira.

O primeiro é: conheça o retorno médio de um profissional na área que você escolheu, considerando os diferentes níveis de senioridade. Hoje, há muitos recursos para isso. No site Glassdoor (https://www.glassdoor.com.br/), por exemplo, é possível consultar a faixa salarial de diversos cargos no Brasil, nos Estados Unidos, na Inglaterra, entre outros países. As estatísticas são baseadas em dados fornecidos anonimamente por profissionais do mercado. Apesar de possíveis distorções, o site é confiável.

Outra fonte, desta vez nacional, é o Estudo de Remuneração anual publicado pela Michael Page (https://www.michaelpage.com.br/), que também oferece uma boa referência dos salários médios nas mais diversas áreas.

Agora, vamos ao segundo ponto: na escolha da sua carreira, o retorno financeiro deve ser um dos critérios mais relevantes, senão o mais importante. A remuneração não está necessariamente ligada à nobreza ou à importância da função, mas sim à sua demanda atual e futura no mercado.

Em minhas palestras, costumo usar um exemplo (e deixo claro desde já: também sou professor): das 10 carreiras com pior retorno financeiro em 2024, quatro eram ligadas à função docente. O que isso nos mostra? Que quem escolhe a licenciatura como carreira dificilmente terá grandes retornos financeiros. Isso significa que o papel do professor tem pouca importância? É claro que não. Mas talvez isso reflita um mercado saturado de profissionais.

Um estudo realizado em 2025 pelo CGEE apontou um crescimento de mais de 700% no número de cursos de mestrado e doutorado acadêmico no Brasil. Agora, vamos ao básico da lei da oferta e da procura: o que acontece quando há excesso de oferta de um produto? O preço tende a cair. O mesmo ocorre com a remuneração dos professores, e, infelizmente, com sua valorização social também.

HISTÓRIAS DE VIDA E A REALIDADE DO MERCADO DE TRABALHO

"O único limite para nossas realizações do amanhã são as dúvidas de hoje."

Franklin D. Roosevelt

GRANDES PROFISSIONAIS

Quando falo de grandes profissionais, qual é o primeiro nome que lhe vem à cabeça? A resposta varia de acordo com a sua geração, mas, no geral, eu apostaria que os nomes que lhe vêm à mente são de pessoas famosas, presentes em alguma mídia. Tome cuidado: o fato de ser famoso não significa que a pessoa seja boa no que faz.

Existem grandes profissionais em todos os lugares, em todos os níveis de senioridade. Grandes profissionais têm uma característica em comum: são respeitados por seus pares e superiores, independentemente do seu nível hierárquico. Coloco isso aqui por duas razões importantes.

A primeira é que esses profissionais podem ser um exemplo interessante de marca pessoal (personal branding). Apesar de a marca pessoal e o marketing profissional envolverem mais critérios do que apenas esse, os grandes profissionais conseguem imprimir sua marca no mercado de trabalho e nas empresas onde atuam, por meio da imposição de seus valores e modo de trabalho.

O segundo ponto é que esses profissionais podem ser uma grande fonte de aprendizado. O estadista e diplomata alemão Otto von Bismarck tem uma frase que resume bem esse ponto: "Apenas um tolo aprende com seus próprios erros. O homem sábio aprende com os erros dos outros."

O SUCESSO PODE TER MUITOS SIGNIFICADOS

Falamos anteriormente sobre a definição dos critérios para a escolha da sua profissão e carreira. Também abordamos o retorno financeiro e como ele deve ser seu principal critério nessa escolha. Agora, é importante que você entenda que, apesar de esse ser um critério inegociável, o sucesso pode assumir muitas formas diferentes.

A definição de sucesso é pessoal e intransferível. Cada um tem a sua. Para mim, o sucesso, além do retorno financeiro, que é uma condição inegociável, passa por assumir posições de liderança e influenciar positivamente as pessoas. Para você, o sucesso pode estar em inventar um produto ou solução. Para outra pessoa, o sucesso pode ser ajudar sua comunidade ou a sociedade de forma ativa e direta. Alguns definem o sucesso como o poder de tomar decisões.

Entenda o que o sucesso significa para você. Perceba que o retorno financeiro é inegociável e, seja qual for a sua perspectiva de sucesso, ele fará parte dela.

FALHAS E ATALHOS

A falha, o erro, o insucesso farão parte da sua vida profissional. Calma, não quero que você adote um pensamento negativo achando que a falha é inevitável de forma paralisante. Quero que você desenvolva o growth mindset (lembra?) e use cada falha como uma oportunidade de aprendizado e melhoria.

Para você ter uma ideia de como as falhas são essenciais na formação de qualquer profissional, veja as histórias de grandes nomes que também passaram por isso.

Lionel Messi, o grande jogador de futebol, disse uma vez: "Me levou 17 anos e 114 dias para me tornar um sucesso da noite para o dia." Thomas Edison, o inventor que revolucionou o mundo, falhou mais de mil vezes, isso mesmo, mil vezes, antes de conseguir inventar a lâmpada. J. K. Rowling, autora da série Harry Potter, foi rejeitada por 12 editoras diferentes antes de conseguir publicar seu primeiro livro.

A falha é uma parte indispensável do aprendizado e do sucesso. A diferença entre grandes profissionais e profissionais medíocres não está na quantidade de erros cometidos, pois ambos erram. A diferença está no que fazem com esses erros. Grandes profissionais aprendem com eles e não têm medo de tentar novamente. Profissionais medíocres lamentam seus erros e acreditam que eles definem seus limites.

FERRAMENTAS PARA A SUA VIDA PROFISSIONAL

"A beleza do aprendizado é que ninguém pode tomá-lo de você."

B. B. King

Manter-se atualizado no mercado profissional é uma tarefa desafiadora. A dinâmica do mercado muda com rapidez, exigindo constante adaptação. Por isso, todo bom profissional deve saber usar as ferramentas disponíveis para facilitar seu trabalho e crescimento.

A seguir, apresento uma breve lista com algumas das ferramentas que considero essenciais para qualquer profissional em início de carreira, independentemente do segmento. A lista não é exaustiva, mas é um excelente ponto de partida para sua jornada profissional.

LINKEDIN

https://www.linkedin.com/

Hoje, para o mercado de trabalho e para sua vida profissional, o LinkedIn é, sem sombra de dúvidas, a ferramenta mais importante.

O LinkedIn é uma rede social voltada para o ambiente profissional. Nela, você cria um perfil, acompanha o mercado e as empresas que deseja seguir, candidata-se a vagas, publica conteúdo e muito mais. A plataforma é ampla e merece uma explanação mais detalhada, o que está além do escopo deste livro. No entanto, quero destacar dois pontos fundamentais sobre o LinkedIn.

Primeiro: ele não é opcional. Nos dias de hoje, quem não tem um perfil no LinkedIn e, mais do que isso, não interage na rede (curtindo publicações, comentando com respeito, compartilhando conteúdos relevantes e criando postagens próprias), está praticamente invisível para o mercado e para os recrutadores.

Segundo: apesar de ser uma rede social, o LinkedIn não é Instagram ou TikTok. Poste apenas conteúdos relacionados à sua trajetória profissional. Nada de músicas, danças, piadas, fotos descontraídas ou assuntos polêmicos como política e futebol. Também evite linguagem inadequada, gírias ou palavras ofensivas. O LinkedIn é sua vitrine profissional, não pessoal.

LINKEDIN LEARNING, UDEMY E OUTRAS PLATAFORMAS DE APRENDIZADO

https://www.linkedin.com/learning/

https://www.udemy.com/

As plataformas de ensino virtuais são excelentes fontes de aprendizado. Lembra do que falamos sobre ser autodidata? Pois é, nelas você pode aprender novos conceitos técnicos e até desenvolver Soft Skills.

Existem várias opções disponíveis, mas minha recomendação é o **LinkedIn Learning e a Udemy**. Utilizo ambas com frequência para aprender novos temas e explorar disciplinas interessantes.

Lembre-se de que um bom profissional, além de dominar os conhecimentos específicos de sua função, também entende de áreas relacionadas. Médicos, por exemplo, não devem saber apenas sobre medicina, mas também sobre gestão hospitalar, gestão de pessoas e até técnicas de entrevista. Adquira conhecimentos que complementem sua função e impulsionem sua carreira.

GLASSDOOR

https://www.glassdoor.com.br/

O Glassdoor é uma plataforma construída por profissionais, para profissionais. Mesmo sem cadastro, você já tem acesso a algumas ferramentas úteis, mas eu aconselho criar seu usuário.

Além da pesquisa salarial, que comentei acima, o site também apresenta avaliações feitas pelos profissionais sobre as empresas. Isso é muito útil para saber se a empresa está passando por algum momento específico, como redução da força de trabalho, além de conhecer as práticas e a cultura da organização. É uma parada obrigatória antes de qualquer candidatura ou entrevista.

NEWSLETTERS ESPECIALIZADAS

https://hbr.org/

https://www.technologyreview.com/

Um bom profissional deve se manter atualizado permanentemente. Isso não é tarefa fácil, mas com as ferramentas certas, essa missão pode se tornar um pouco menos trabalhosa.

As newsletters entregam diariamente conteúdos novos e relevantes sobre os mais diversos assuntos. Recomendo que você se cadastre e acompanhe pelo menos uma ou duas, de sua preferência. Minha dica aqui é apenas tomar cuidado com as fontes. Recomendo a **Harvard Business Review**, da Universidade de Harvard, e a **MIT Technology Review**, do MIT. Ambas são fontes confiáveis de informação.

GOOGLE ALERTS

https://www.google.com/alerts

O Google Alerts é uma ferramenta que permite configurar alertas baseados em palavras-chave. Os alertas são enviados de forma consolidada para o seu e-mail, na periodicidade que você escolher.

Você vai seguir carreira jurídica? Configure um alerta para receber as últimas novidades sobre a aprovação de novas leis, por exemplo. É uma ferramenta simples que vai te manter atualizado, sem muito esforço.

CONSELHOS DE PROFISSÃO

Dependendo da sua área, os sites dos conselhos profissionais, como OAB, CFM, CRM, CRA e CRE, são paradas obrigatórias para os profissionais dessas categorias.

Além das informações disponíveis, as profissões regulamentadas oferecem diversos benefícios por meio do registro junto aos seus respectivos conselhos, e os profissionais devem participar da gestão dessas instituições. Se a sua profissão é regulamentada, não deixe de se associar e participar ativamente da gestão do seu conselho.

GESTÃO DE TEMPO

Outlook Calendar

Google Calendar

Esse último tópico não se encaixa bem no quesito ferramentas, mas, dada sua importância, resolvi descrevê-las aqui. Tanto a Microsoft quanto o Google (entre outros fabricantes) tem ótimos calendários. Sugiro fortemente que você aprenda a utilizá-los, e use-os, para gerenciar seu tempo de maneira efetiva.

A teoria de gestão do tempo é fácil de ser aprendida e difícil de se colocar em prática. Mas, se tem uma coisa que você precisa controlar muito bem, é o seu tempo. Recomendo a teoria do *TimeBoxing*. É fácil de aprender e, com um pouco de esforço, fácil de colocar em prática. Depois que você aprender a gerenciar seu tempo de forma efetiva, você será muito mais produtivo.

FINALIZANDO

"Seu trabalho vai preencher boa parte de sua vida, e a única maneira de se sentir verdadeiramente satisfeito é fazer aquilo que você acredita ser um grande trabalho."

Steve Jobs

Estamos chegando ao final deste livro, e espero que, neste momento, você já esteja seguro e equipado com algumas ferramentas para fazer uma boa escolha de carreira. Antes de terminarmos, quero abordar mais três pontos que acredito serem cruciais para a sua formação como profissional.

VOCÊ NÃO PRECISA SABER DE TUDO

Você não precisa e nem vai saber tudo. Tudo o que mostrei para você ao longo deste livro é apenas a ponta do iceberg. Existe um mundo de detalhes que, por conta do escopo desta obra, não abordamos.

Mas o fato de não termos tratado tudo o que poderíamos, além de ter um efeito prático (seria impossível escrever apenas um livro sobre esse tema, dada a quantidade de conteúdo de qualidade), também tem um efeito educativo.

Durante sua jornada profissional, haverá muitos momentos de dúvidas e incertezas. Mesmo que você utilize as técnicas e ferramentas apresentadas neste livro, e mesmo que estude mais e descubra outras ferramentas para a tomada de decisão, sempre haverá um componente de incerteza. E isso é normal. Você nunca saberá tudo sobre nenhum assunto. Nunca terá todos os dados para tomar uma decisão 100% racional (e já vimos que decisões precisam ser tanto racionais quanto emocionais). Entenda e aceite esse componente de incerteza na sua vida, pois ele sempre estará presente em todas as suas decisões.

APRENDIZADO CONTÍNUO

Esse é outro termo que você vai ouvir bastante por aí: "Lifelong Learning". Trata-se de uma forma de educação e aprendizado focada no desenvolvimento pessoal. Uma das qualidades de qualquer grande profissional é ser autodidata. Em termos simples, ser autodidata é a capacidade de aprender sem a necessidade de um professor ou mestre. Essa é uma habilidade essencial para todo bom profissional.

Se você chegou até aqui, já sabe: talento não existe. Você precisa aprender a ser autodidata e desenvolver suas habilidade, pouco a pouco. A chave para esse desenvolvimento, assim como para ter sucesso em praticamente tudo na vida, é a consistência.

PERMANEÇA CURIOSO

Por fim, permaneça curioso. Sempre. A curiosidade é a mãe do aprendizado. Por trás desse mantra, existe também uma questão mais profunda: a curiosidade exige que você faça perguntas. Em um artigo da Harvard Business Review, Alison Wood Brooks e Leslie K. John, ambos professores de Administração de Negócios de Harvard, relatam como fazer perguntas melhora nossa inteligência emocional e é uma ótima ferramenta de liderança.